あたまが
よくなる

めいろ

まなび編

監修
高濱正伸
花まる学習会代表

問題作成
花まる学習会
アルゴクラブ

サンマーク出版

なぜ、めいろで頭がよくなるのか

「5分と座っていられなかった子が集中できるようになりました」

「昔、めいろに夢中だった我が子は算数・数学が得意になりました」

もう30年近く、このようなうれしい声を多数いただき続けています。めいろにハマりすぎて驚くほど緻密な問題や工夫を凝らした作品をつくり始める子もおり、彼らは東大をはじめとした難関大学に進学し、自分のやりたいことに邁進する素敵な大人になっています。

こう申し上げると「めいろの何がそんなにいいのか」と疑問に思うかたもいらっしゃるかもしれません。

試行錯誤で
やり抜く力が育つ

めいろの最大の魅力は、遊びのなかで良質な試行錯誤を積み重ねられる点にあります。「あそこに行くんだ！」とゴールを見据え、自分で選んだ道に邁進する。これは勉強でもスポーツでも仕事でも、何かを成し遂げる過程で必ず行うことです。

この試行錯誤を短時間で何度も繰り返せるめいろは、失敗を恐れず挑戦する強さや「やり抜く」という心のスタミナを養います。すると、たとえ行き止まりに入っても「ゴールできないルートが一つわかった」と、前向きにとらえられるようになるのです。これは地頭のいい子、成長とともに学力が大きく向上する「あと伸び」する子が、必ずといっていいほど備えている素養です。私たち大人においても、何かに挑戦してやり抜くことは成功するために必須ですから、良質な試行錯誤の価値をご理解いただけるのではないでしょうか。

「見える力」と
「詰める力」

次にお伝えしたいのが「見える力」です。めいろをたくさん解くと、サッと目で追っただけで通るべき道筋が光って見えるようになっていきます。さらに力がつくと、どこの分岐点に何通りのルートがあるかまで、達人さながらに「見える」ようにな

るのです。これは算数でいうところの「場合分け」が感覚的にわかり、補助線1本が思いつかないと解けない中学受験の図形問題を解く際にも大いに役立つ「数理センス」が磨かれてきた証です。

同時に、試行錯誤と推論を重ね、たった一つのゴールへの道を見つけることは、論理的思考を重ねて答えを導き出す、「詰める力」の成長につながります。

この二つの力がつくことで、頭のよさの根幹を成す算数・数学という学問での地力を養えるわけです。

数理センスが
自然に磨かれる

そして本書のめいろは、花まる学習会グループでも特に数理の力を存分に伸ばし、在籍する子どもたちを有名中学へと導いてきただけでなく、のちに東大や医大などの難関大学へ進学した生徒を多く輩出した「アルゴクラブ」の講師陣が作成しました。一般的なめいろにパズル要素や学習要素を加えることで、同時に脳のいくつもの領域を刺激しつつ数理センスが磨かれるように設計しました。付与したルールを守りつつめいろの構造を見抜くうちに、集中して考える力がつきます。ただ、なかには大人でも難しく感じるものがあるかもしれません。すぐに解けなくても大丈夫です。じっくり頭のよさに磨きをかけましょう。

没頭するほど
あらゆる能力が育つ

本書のめいろは小学校低学年でも楽しんでできるよう、さまざまな工夫を凝らしてありますが、お子さんに渡してお使いいただく際のアドバイスが一つだけあります。

せっかく買ったんだからとばかりに「頭がよくなるよ！」とか「おもしろいからやってごらん！」などと言って渡すことだけは、どうかおやめください。

楽しいはずのめいろが、こなすだけの「作業」になってしまいかねないからです。自ら楽しんでいるとき

の集中力は凄まじく、没頭している間はあらゆる能力が伸びるといっても過言ではありません。このチャンスを逃す手はないでしょう。

意欲を呼ぶ「渡し方」とは

では、どう渡せばいいのでしょうか。いちばんいいのは「さりげなく隠しておく」ことです。

隠すといっても、見つけられなければ意味がありません。リビングの別の本の下などに表紙がチラッと見えるようにする程度で十分です。

そして、見つけるまで我慢しましょう。子どもは新しいものに敏感ですから必ず気づきます。そうして子どもが自分で「発見」すると、好奇心のエンジンがかかるのです。

みなさんも、買ってもらった高価なおもちゃより、自分で拾ってきたどんぐりや石などに夢中になった記憶はありませんか。それと同じです。大人が熱心にすすめたり渡したりするほど興味を失うことは、往々にし

てあります。

発見させて興味を抱いたら、放っておきましょう。何か聞かれたら、それにだけ答えればOKです。「こうすれば簡単だよ」とか「なんでこんなやり方するの。こっちのほうが速いでしょ」などという「指導」が始まると、子どもはげんなりしていくばかりです。大人なら「やらされ仕事」でも頑張れますが、幼い子どもには無理というもの。もちろん脳も活性化しません。

子どもが「できた！」と教えてくれたら、その成功体験に思いきり共感してあげるのが、大人にできる最高の仕事です。

ぜひ、お子さんを信じ、お子さんが自ら選んで試行錯誤する姿を誇らしげに眺めてください。そこで幾多の経験を積みながら成功体験を得ることこそが、「地頭のいい子になってほしい」という願いを叶える、いちばんの近道なのですから。

あそびかた

ルールをまもって、
スタートから**ゴール**までいこう。
ただし、おなじみちはとおってはいけないし
あともどりもできないよ。

ぬけみちをさがせ！

守る

ルール

ルールを忘れず使う

スタート

1つのつるはしで
1かいだけ、
かべをこわせるよ

ゴール

つるはし（ ✕ ）をひろうごとに
かべを1かいこわせるよ。ゴールまでいこう！

2 ルールをおぼえたらめいろにちょうせん！

つるはし（ ✕ ）をひろうごとに
かべを1かいこわせるよ。ゴールまでいこう！

1 さいしょにめいろのルールをおぼえよう

めいろごとのルールは
さいしょのページに
かいてあるよ。

おなじしゅるいの
めいろは4つ。
すこしずつ
むずかしく
なっていくよ。

おまけもんだい このめいろは、つぎのどのかたちにちか...
しんぶんし　テレビ　おりがみ　びん

おわったら
おまけもんだいも
やってみてね！

うまく
できたかな？

3 このページでこたえあわせをしよう。

こたえ
うまくできたかな？

おまけもんだい おりがみ...このめいろのもとは「正ほうけい（まほうく）」のおりがみにちなんで...

**本の
さいごに
あるよ**

**きりとってつかおう
あたまやわらかパズル**

これをつかうと
ときやすくなる
めいろもあるよ。

スタート

**解けなくて
困った
ときは？**

本書のめいろの多くはシンプル
なつくりですが、そこにさまざ
まなルールを加えることで、ゴ
ールまでの道が見えたときの
喜びが増幅されるよう設計さ
れています。それゆえ目で追う
だけ、あるいは指でたどるだけ
では難しいものもあるかもしれ
ません。そういうときは「鉛筆で
書き入れていいよ」などと伝え
ると解きやすくなるはずです。
さらにゴールにたどりつけない
道に×をつけるなどすると、正
解への道を絞り込めます。

もくじ

ルールを忘れず使う
ぬけみちをさがせ！ … 11

遊びながら文字に親しむ
ありのすの 文字 … 17

細部まで観察する
すべって のぼって … 23

必要な線だけを抽出する
文字の かくれんぼ … 29

法則に従って解く
クネクネ しちゃう … 35

抜け漏れなく考える
ぞうの とおりみち … 41

空間を把握する
タワーの おたから … 47

条件を踏まえて考える
はしを かけて わたれ！ … 53

複数の処理を同時に行う
3つの かぎで にげろ！ … 59

なぜ、
めいろで
頭がよくなるのか …2

あそびかた …6

やり抜く　見通しを立てる
ねっして さまして … 65

知る　興味の幅を広げる
にっぽん たんけん … 71

知る　言葉の順序を把握する
五十音を くらべて … 77

考える　思考体力を養う
こうもり の まほう … 83

覚える　頭のなかで数える
くいしんぼうの へや … 89

数える　解法を探る
なんへやで ゴール!? … 95

考える　想像を操作する
おとしあな スイッチ … 101

見抜く　平面を認識する
どくぬま だっしゅつ … 107

ゲキむず めいろ … 113

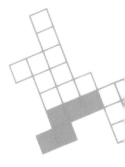

おまけ
**あたま
やわらか
パズル** … 119

装幀　辻中浩一
装画　フジイイクコ

本文デザイン　regia（上條美来）
イラストレーション　RAS
DTP　髙本和希（天龍社）
校正　株式会社ぷれす
執筆協力　山本佳津江
作図協力　野口佳大

編集　小元慎吾（サンマーク出版）

ぬけみちを
さがせ！

守る

ルールを忘れず使う

スタート

1つのつるはしで
1かいだけ、
かべをこわせるよ

ゴール

つるはし（ ⛏ ）をひろうごとに
かべを1かいこわせるよ。ゴールまでいこう！

1

つるはし（）をひろうごとに
かべを1かいこわせるよ。ゴールまでいこう！

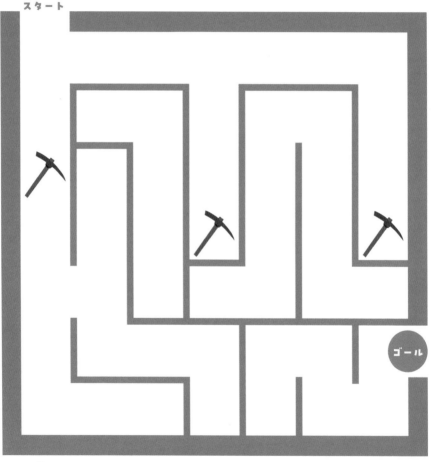

おまけもんだい このめいろのわくは、つぎのどのかたちにちかいかな？
しんぶんし　テレビ　おりがみ　びんのふた　→こたえは16ページ

2

つるはし（ ）をひろうごとに
かべを1かいこわせるよ。ゴールまでいこう！

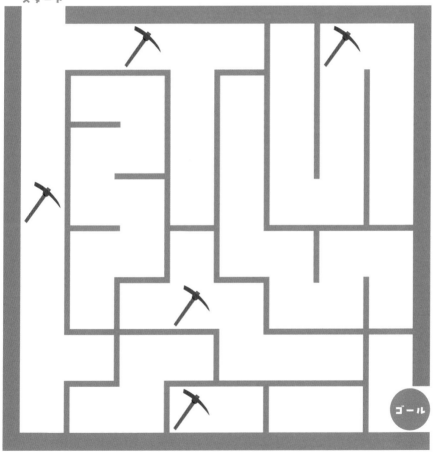

おまけもんだい　マンホールのふたは、なぜまるい？　→こたえは16ページ

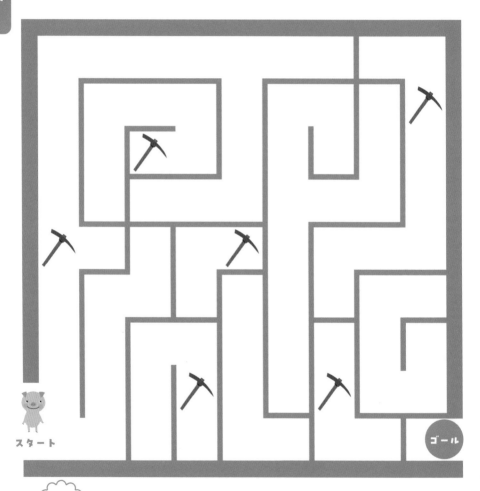

3 つるはし（ ⛏ ）をひろうごとに
かべを1かいこわせるよ。ゴールまでいこう！

スタート

ゴール

14

おまけもんだい 「あめ」+「かえる」は「あまがえる」。「しのぶ」+「あし」は？　→こたえは16ページ

4

つるはし（ ⛏ ）をひろうごとに
かべを1かいこわせるよ。ゴールまでいこう！

スタート

ゴール

法則を見つける

おうちのかたへ

ゴールするには、拾ったつるはしで壊した壁の先で新たなつるはしを獲得する必要があります。壁を壊しては行き止まりになる、ということを繰り返すうちに、気づけるようになるでしょう。また、つるはしがない部屋を塗りつぶして大きな壁としてとらえると、自然と通るべき道が見えてきます。

1

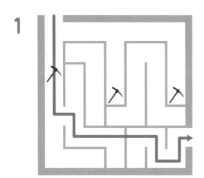

2

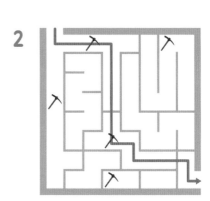

3

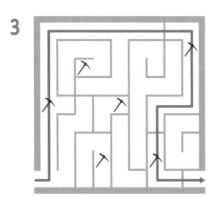

4

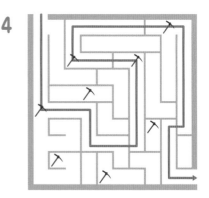

おまけもんだい

①おりがみ（このめいろのわくは「正ほうけい（ま四かく）」のおりがみにちかいね

②下におちてしまわないように。四かくや三かくのふただと、おちちゃうんだ

③しのびあし

④ふねのおもさより「うこうとする力」が大きいから

16

 ありのすの文字

スタート

ゴール

文字のかたちになっている、ありのす。
ありは、ぶじに、おうちにかえれるかな?

1 ありは、ぶじに、おうちにかえれるかな?

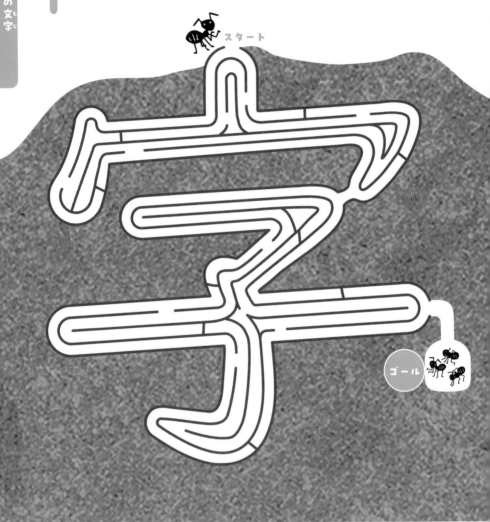

スタート

ゴール

おまけ もんだい ありがとおらなかったところは、
なんばんめにかくところかな? →こたえは22ページ

2 ありは、ぶじに、おうちにかえれるかな?

おまけもんだい ありがとおらなかったところは、
なんばんめにかくところかな? →こたえは22ページ

19

3 ありは、ぶじに、おうちにかえれるかな?

スタート

 ありがとおらなかったところは、
なんばんめにかくところかな?　→こたえは22ページ

4

ありは、ぶじに、おうちにかえれるかな?

おまけもんだい　ありがとおらなかったところは、
なんばんめにかくところかな?　→こたえは22ページ

こたえ

おうちのかたへ

画数を楽しく覚える

漢字のなかに潜り込むめいろで、画数のおまけもんだいを用意しました。「勉強」を意識すると身構えてしまうことも、遊びにすると多くの子が興味をもつものです。ちなみに「議」は、小学生の学習漢字で最多画数の20画です。このめいろをきっかけに、自分や友だちの名前の漢字が何画か当てっこするのも楽しいですよ。

1
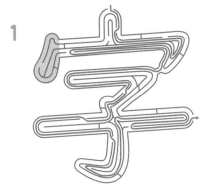

2
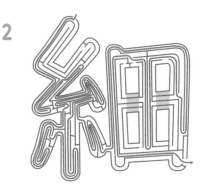

3
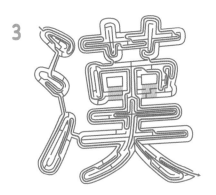

4
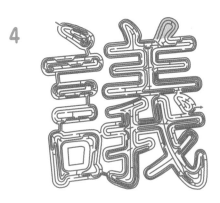

おまけ
もんだい
①2ばんめ　②10ばんめ　③9ばんめ　④9ばんめ
（上のずで、ちゃいろになっているところだよ）

すべって
のぼって

ルール

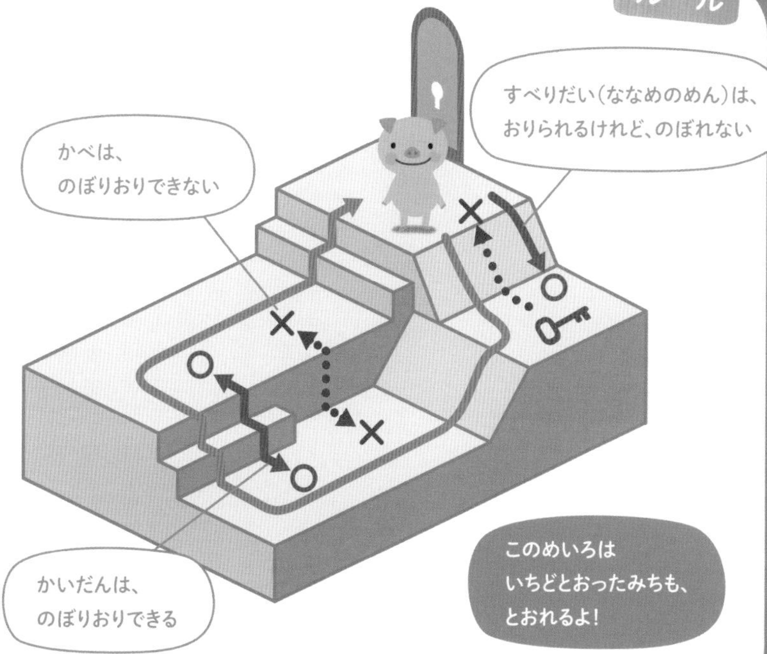

すべりだい（ななめのめん）は、
おりられるけれど、のぼれない

かべは、
のぼりおりできない

かいだんは、
のぼりおりできる

このめいろは
いちどとおったみちも、
とおれるよ！

いちばんのちかみちで、
かぎをひろってドアまでいこう。

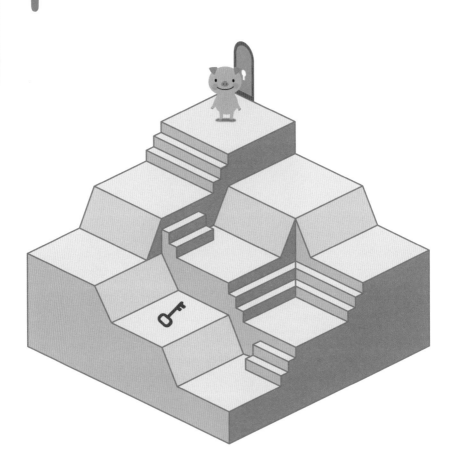

1

いちばんのちかみちで、かぎをひろってドアまでいこう。

おまけ もんだい すべりだいは、なんかいすべったかな?
→こたえは28ページ

2

いちばんのちかみちで、かぎをひろってドアまでいこう。

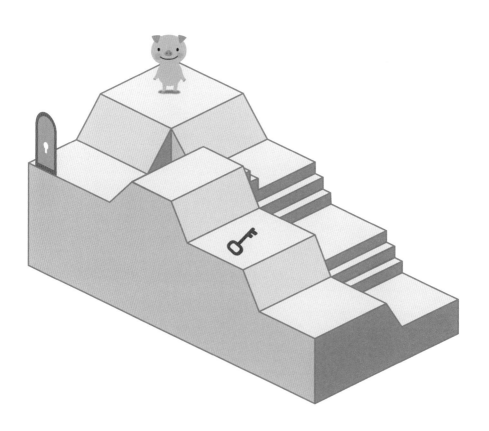

おまけもんだい　すべりだいは、なんかいすべったかな?
→こたえは28ページ

3 いちばんのちかみちで、かぎをひろってドアまでいこう。

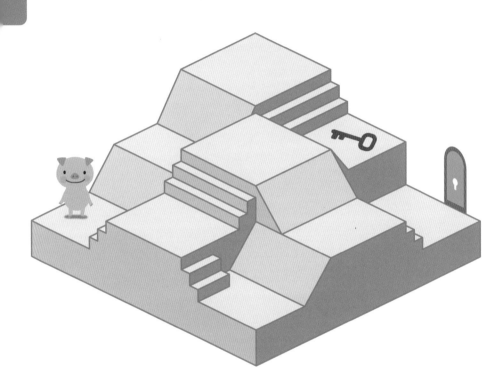

おまけ
もんだい
すべりだいは、なんかいすべったかな?
→こたえは28ページ

4 いちばんのちかみちで、かぎをひろってドアまでいこう。

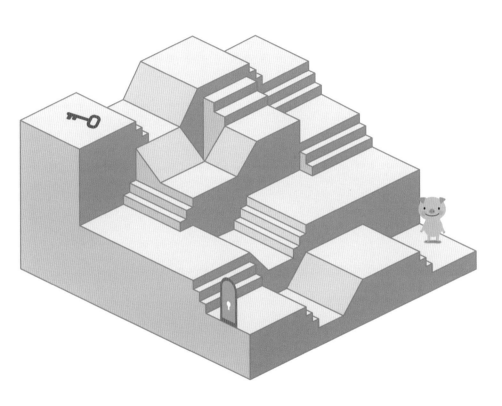

→こたえは28ページ

おまけもんだい すべりだいは、なんかいすべったかな?

こたえ

おうちのかたへ

頭の使い方を変える

多くのめいろはゴールから逆向きにたどっても解けるので、スタートとゴールそれぞれから試行錯誤して道をつなげることが可能です。ところが、このめいろはすべり台によって一方通行になるため、逆から考えることはできません。ルールに従って考え抜くことで最後までやり遂げる意志力を育てます。

1

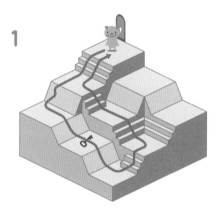

2

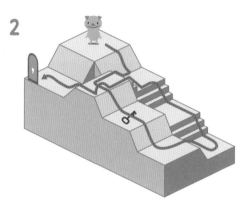

3

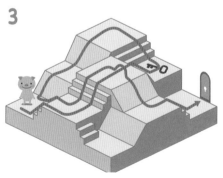

4

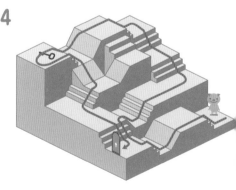

おまけ もんだい ①3かい ②5かい ③4かい ④4かい

文字の
かくれんぼ

スタート　　ゴール

スタートからゴールまでのみちにいろをぬると、
なにかの文字が出てくるよ。

（:) あ、「え」かな！？

1

スタートからゴールまでのみちにいろをぬると、
なにかの文字が出てくるよ。

スタート ゴール

2

スタートからゴールまでのみちにいろをぬると、
なにかの文字が出てくるよ。

3

スタートからゴールまでのみちにいろをぬると、
なにかの文字が出てくるよ。

スタート ゴール

4 スタートからゴールまでのみちにいろをぬると、
なにかの文字が出てくるよ。

スタート ゴール

こたえ

：
おうちのかたへ

☺

うまくできたかな？

発見を楽しむ

問題そのものはシンプルですが、「何かの文字が隠れている」
ということがヒントとなっているめいろです。解き進めていく
うちに、「この文字は……」と予想してみると早くゴールにた
どりつけるかもしれません。ゴールまで行けたら、浮かび上
がってきた文字について調べてみてもいいでしょう。

1 やま
山

2 たま
玉

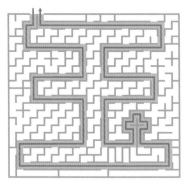

3 ひ
火

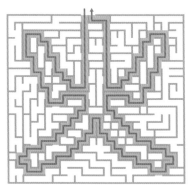

4 もり
森

クネクネ
しちゃう

ルール

水いろのところは
とおれないよ

へやに入ったら、
右か左、どちらかにまがろう

スタート

おなじへやは
いちどしかとおれないよ

ゴール

すぐにクネクネしちゃうへび。
1つのへやに入ったら、かならず右か左にまがってね。
うまくゴールできるかな?

1

1つのへやに入ったら、かならず右か左にまがってね。
うまくゴールできるかな?

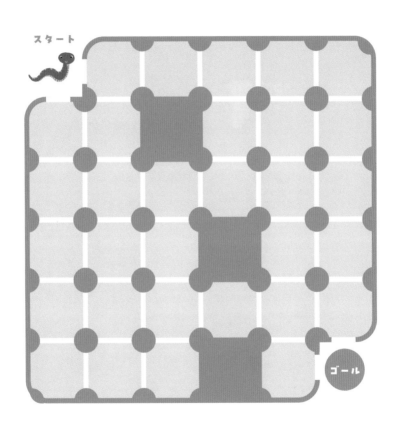

おまけ もんだい 人のからだのほねは、なん本? →こたえは40ページ

2

1つのへやに入ったら、かならず右か左にまがってね。
うまくゴールできるかな?

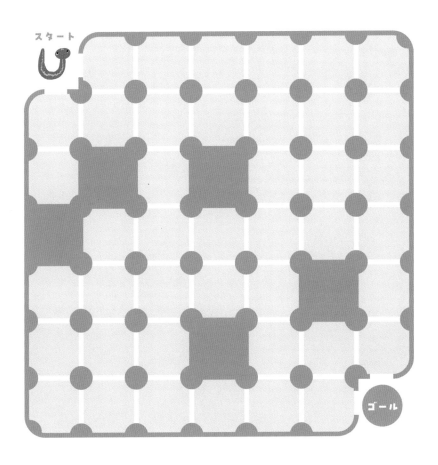

3

1つのへやに入ったら、かならず右か左にまがってね。
うまくゴールできるかな?

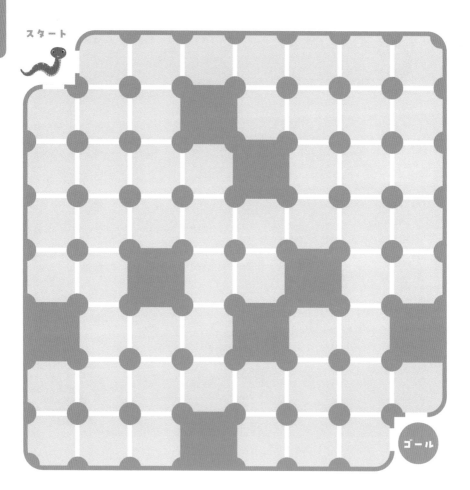

スタート

ゴール

おまけ
もんだい 「おかしを〇〇」「どりょくを〇〇」「いかりを〇〇」
みんな、おなじことばが入るよ。なにかな? →こたえは40ページ

38

4

1つのへやに入ったら、かならず右か左にまがってね。
うまくゴールできるかな?

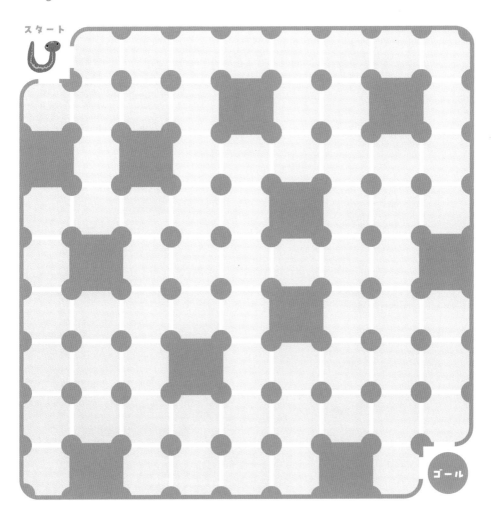

おまけ
もんだい
つぎの中で、なかまはずれはどれかな?
きらきら　ざあざあ　つるつる　にこにこ　→こたえは40ページ

こたえ ☺

うまくできたかな？

思考する範囲を絞り込む

「必ず曲がる」という条件を維持しながら、数手先を見る力が必要とされるめいろです。試行錯誤をするうちに「両脇を壁に挟まれた道は通れない」ということに気づいたでしょうか。いくつもありそうな道のなかから、条件によって選択肢を絞り込んでいくことで正解の道を探していきます。

1

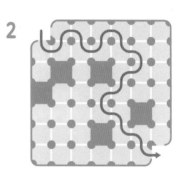

2

3

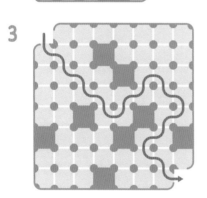

4

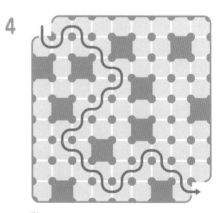

おまけもんだい

①大人は、やく200本。赤ちゃんは、やく300本。
大人になるにつれて、くっついて1つになるほねもあるよ

②はっぱ　③かう（「どりょくをかう」は、がんばりをみとめること、
「いかりをかう」はおこらせることだよ）

④ざあざあ（ほかはものごとのようす、「ざあざあ」だけはなにかの音を、
あらわしたことばだよ）

40

ぞうの
とおりみち

ルール

いてて!
とがったかどは、
いたくてまがれない

スタート

ゴール

まるいかどは、
まがれるよ

からだが大きくて、まるいかどしかまがれないぞう。
どこをとおれば、ゴールまでいけるかな?

1

からだが大きくて、まるいかどしかまがれないぞう。
どこをとおれば、ゴールまでいけるかな？

  ①のめいろに ■ のかたちは、いくつあるかな？　→こたえは46ページ

2

からだが大きくて、まるいかどしかまがれないぞう。
どこをとおれば、ゴールまでいけるかな?

3

からだが大きくて、まるいかどしかまがれないぞう。
どこをとおれば、ゴールまでいけるかな？

おまけもんだい ③のめいろに ◗ のかたちは、いくつあるかな？ →こたえは46ページ

4

からだが大きくて、まるいかどしかまがれないぞう。
どこをとおれば、ゴールまでいけるかな?

④のめいろに ▢ のかたちは、いくつあるかな? →こたえは46ページ

正解を導く「場合分け」

このめいろのキモは「曲がれる・曲がれない」と「曲がる・曲がらない」を的確に判断すること、つまり「場合分け」です。「なんとなく」「適当に」「手当たり次第」というのは算数においては禁物で、漏れなく考え抜く「思考体力」を身につけることも、思考力を伸ばすカギとなります。めいろはまさにその原体験といえるでしょう。

1

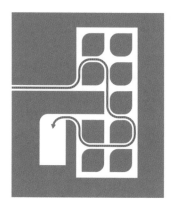

2

3

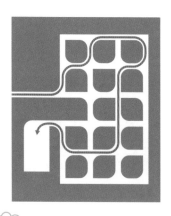

4

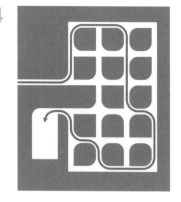

 ①1つ ②3つ ③5つ ④3つ

46

タワーの
おたから

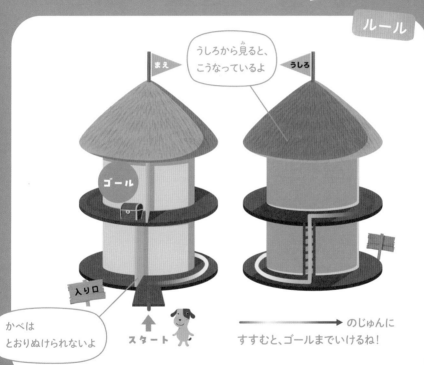

はしごをのぼったりおりたりして、
おたからをゲットしよう!

1 はしごをのぼったりおりたりして、おたからをゲットしよう!

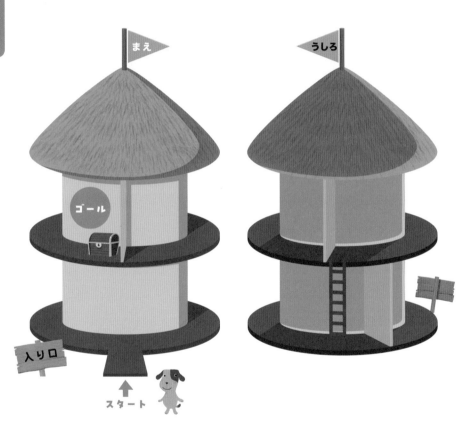

おまけもんだい かがみに、こんな文字がうつっていたよ。なんという字かな? →こたえは52ページ

2 はしごをのぼったりおりたりして、おたからをゲットしよう！

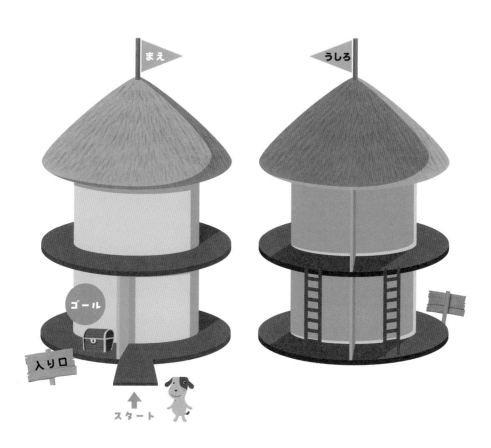

まえ

うしろ

ゴール

入り口

スタート

おまけもんだい かがみに、こんな文字がうつっていたよ。
なんという字かな？ →こたえは52ページ

交

49

3 はしごをのぼったりおりたりして、おたからをゲットしよう!

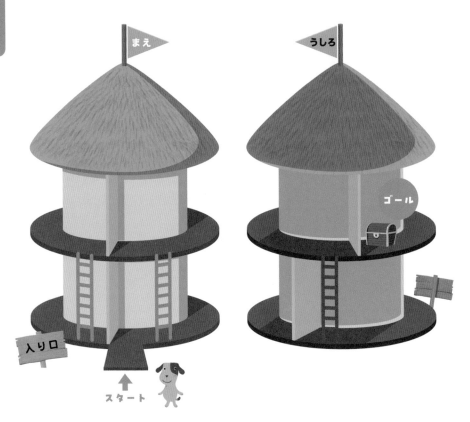

まえ

うしろ

ゴール

入り口

スタート

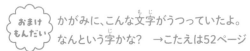

おまけもんだい かがみに、こんな文字がうつっていたよ。なんという字かな? →こたえは52ページ 大

4 はしごをのぼったりおりたりして、
おたからをゲットしよう！

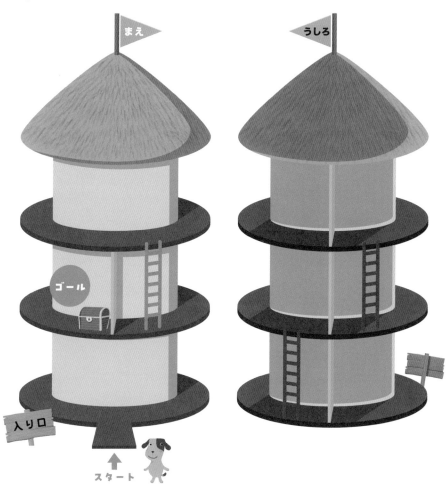

こたえ

😊

うまくできたかな？

おうちのかたへ

学びに生きる空間認識力

ここで問われるのは空間認識力で、この力を鍛えるには実際に多種多様な立体に触れることが大切です。缶や箱などをくるくる回転させ、いろいろな方向から眺めてみましょう。実物でたくさん遊び、頭のなかでイメージした立体を回転させられるようになると、このめいろのように把握することが難しい問題も難なく解けるようになります。

→ このいろのじゅんですすんでね

1
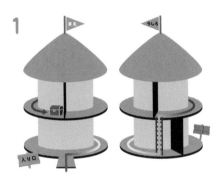

2
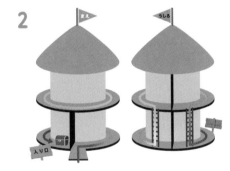

3
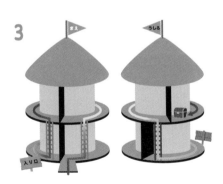

4
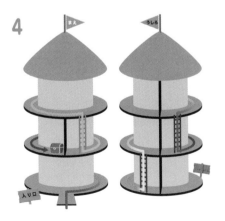

おまけ
もんだい　①わ　②校（こう）　③犬（いぬ）　④花（はな）

はしを かけて わたれ！

ルール

つかうはし

ながいはしは、よこにしかかけられないよ

みじかいはしは、たてにしかかけられないよ

スタート

いわがあるところには、はしをかけられないよ

ゴール

しまのあいだにぜんぶのはしをかけて、ゴールへ。
もとからかかっているグレーのはしも、ぜんぶとおってね。

1 しまのあいだにぜんぶのはしをかけて、ゴールへ。
グレーのはしも、ぜんぶとおってね。

つかうはし

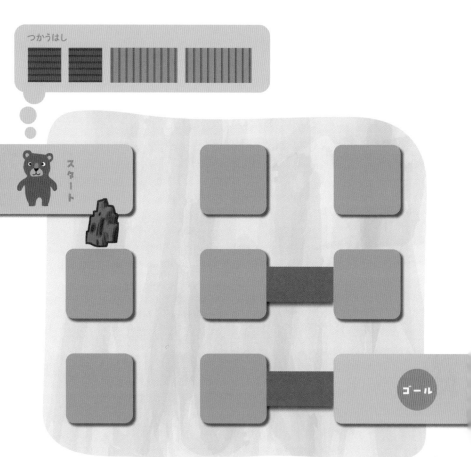

おまけもんだい グレーのはしがないとしたら、いちばんちかみちでいくのに、
はしはぜんぶでなん本ひつようかな？　→こたえは58ページ

2 しまのあいだにぜんぶのはしをかけて、ゴールへ。
グレーのはしも、ぜんぶとおってね。

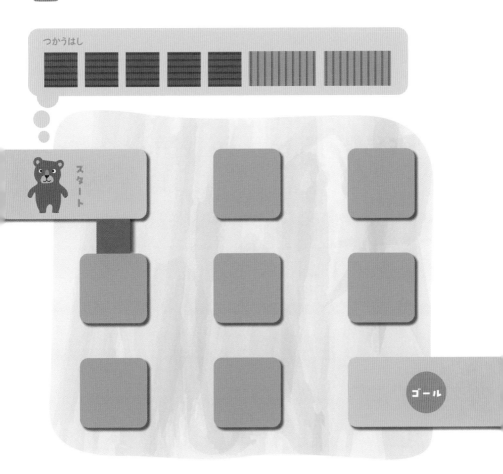

→こたえは58ページ

おまけもんだい グレーのはしがないとしたら、いちばんとおまわりでいくのに、はしはなん本ひつようかな？　一どとおったみちは、とおれないよ。

3

しまのあいだにぜんぶのはしをかけて、ゴールへ。
グレーのはしも、ぜんぶとおってね。

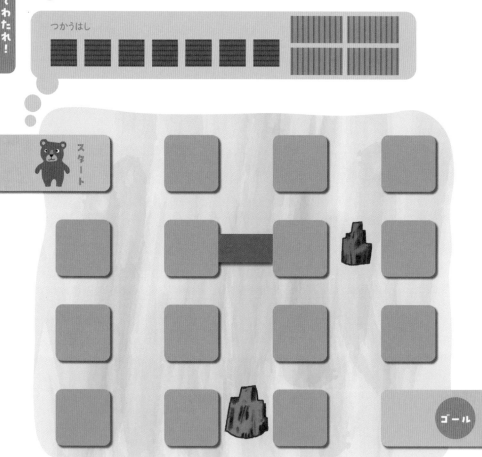

つかうはし

 おまけ もんだい いわも、グレーのはしもないとしたら、いちばんちかみちでいくのに、
はしはなん本ひつようかな？　→こたえは58ページ

4 しまのあいだにぜんぶのはしをかけて、ゴールへ。
グレーのはしも、ぜんぶとおってね。

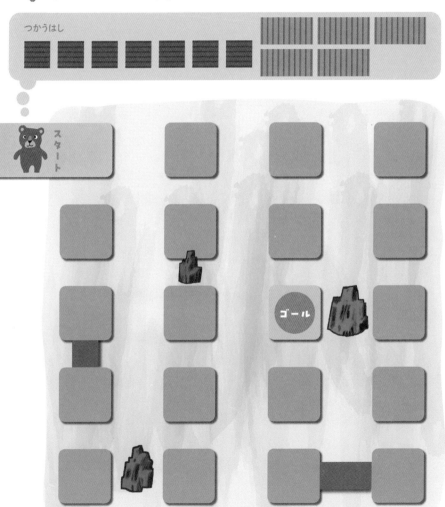

つかうはし

 **おまけ
もんだい** いわも、グレーのはしもないとしたら、いちばんとおまわりでいくのに、はしは
なん本ひつようかな？　ーどとおったみちは、とおれないよ。　→こたえは58ページ

こたえ

おうちのかたへ

考えることを楽しむ

難易度は高いですが、自分で道をつくっていく楽しさを味わえるめいろです。めいろに夢中になると集中力や判断力、推理力など多くの力を養えますが、もっとも大事なのは楽しむこと。知的好奇心をもち、ワクワクしているときにこそ思考力は伸びます。だから、強制や過干渉はNGで、私たちも「いかに自由に遊ばせるか」をつねに考えています。

1

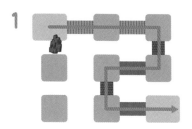

2

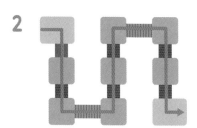

3

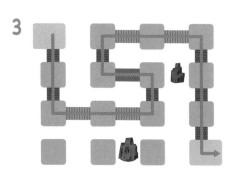

4

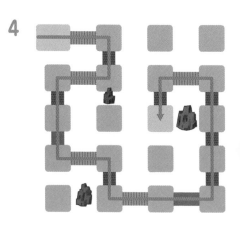

おまけもんだい

①4本　②8本　③6本　④18本

58

3つのかぎで にげろ!

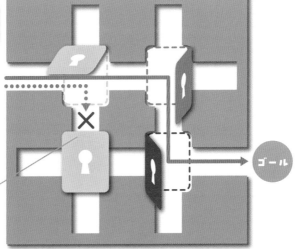

3つのいろのかぎで、おなじいろのドアを、
1かいずつあけられるよ。ちかみちでゴールしよう。

1

3つのいろのかぎで、おなじいろのドアを、
1かいずつあけられるよ。ちかみちでゴールしよう。

スタート

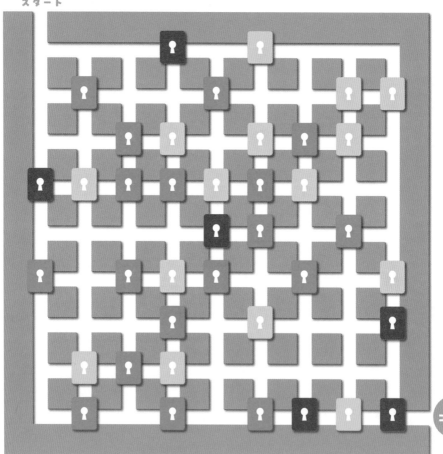

ゴール

2

3つのいろのかぎで、おなじいろのドアを、
1かいずつあけられるよ。ちかみちでゴールしよう。

スタート

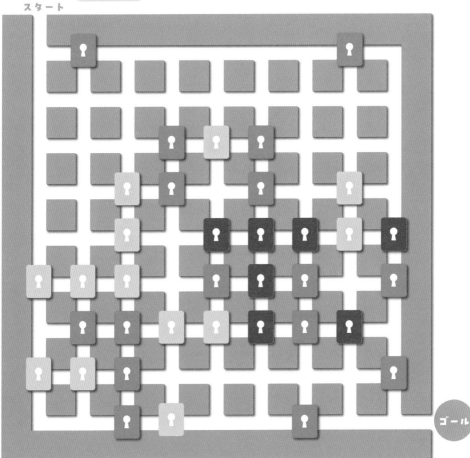

ゴール

3

3つのいろのかぎで、おなじいろのドアを、
1かいずつあけられるよ。ちかみちでゴールしよう。

スタート

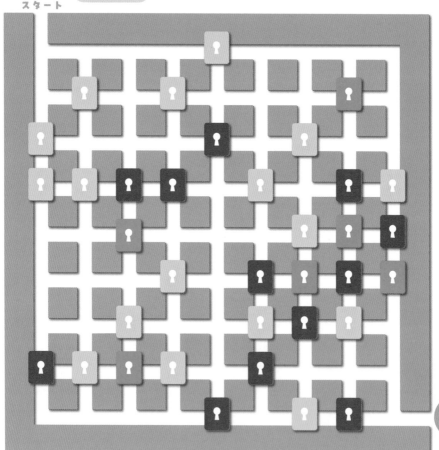

62

4

3つのいろのかぎで、おなじいろのドアを、
1かいずつあけられるよ。ちかみちでゴールしよう。

スタート

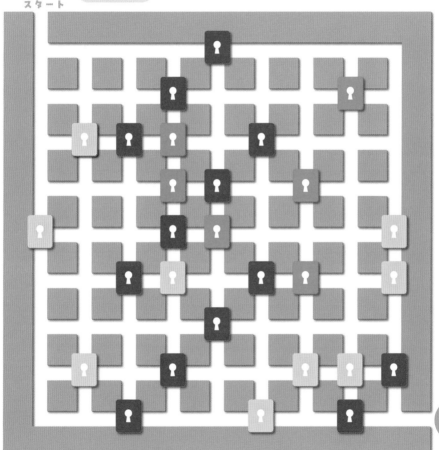

ゴール

おまけもんだい ①〜④で、いちばんおおいドアはなにいろのドア?　→こたえは64ページ

こたえ

おうちのかたへ

☺

うまくできたかな?

情報処理を並行する力

花まる学習会が考える「算数脳」には、「見える力」「詰める力」に加え、ものごとを柔軟に考える「あそぶ力」というものがあります。算数脳が鍛えられている子は、そのなかの一つである「複数の処理を同時に速く行う力」を備えています。このめいろでは、正しく速く効率的に考える訓練ができ、算数脳につながる「あそぶ力」が自然と養えます。

1
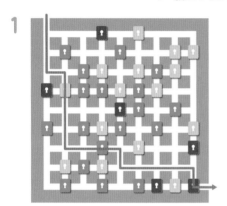

2
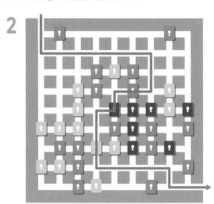

3
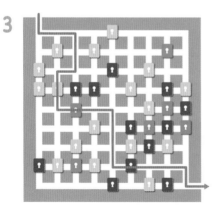

4
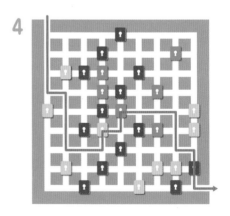

おまけもんだい ④きいろのドア

ねっして
さまして

おなじいろのタイルを、
つづけてすすむことはできないよ

スタート

ななめには、
すすめないよ

ゴール

ピンクのタイルは、あつい！　水いろのタイルは、つめたい！
だから、ピンクと水いろ、こうごじゃないと
すすめないよ。いちばんのちかみちでゴールまでいこう。

1 ピンクと水いろ、こうごにすすみ、
いちばんのちかみちでゴールまでいこう。

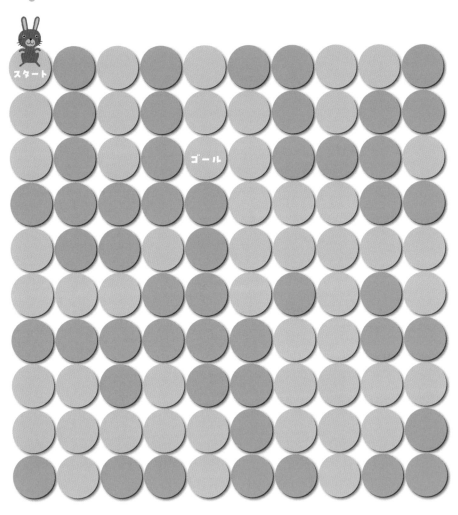

おまけもんだい つぎの中で、なかまはずれはどれ？
青 白 百 赤 →こたえは70ページ

2 ピンクと水いろ、こうごにすすみ、
いちばんのちかみちでゴールまでいこう。

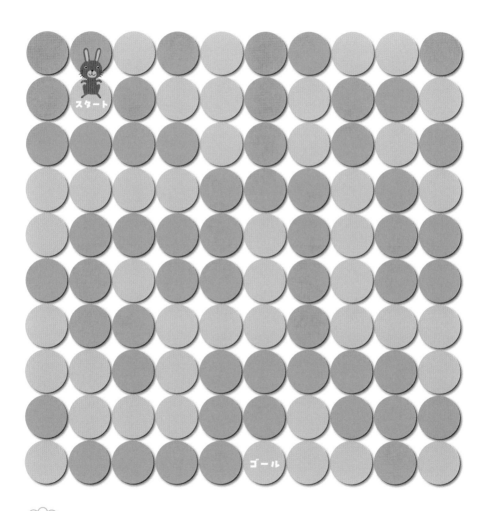

おまけもんだい つぎの中で、なかまはずれはどれ？
耳　口　目　田　→こたえは70ページ

3 ピンクと水いろ、こうごにすすみ、 いちばんのちかみちでゴールまでいこう。

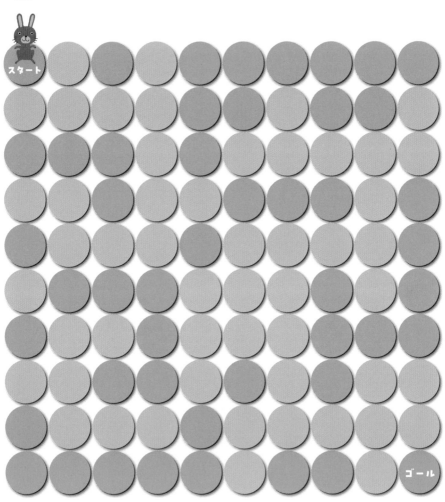

スタート

ゴール

おまけ もんだい つぎの中で、なかまはずれはどれ？
二 円 五 千 →こたえは70ページ

4

ピンクと水いろ、こうごにすすみ、
いちばんのちかみちでゴールまでいこう。

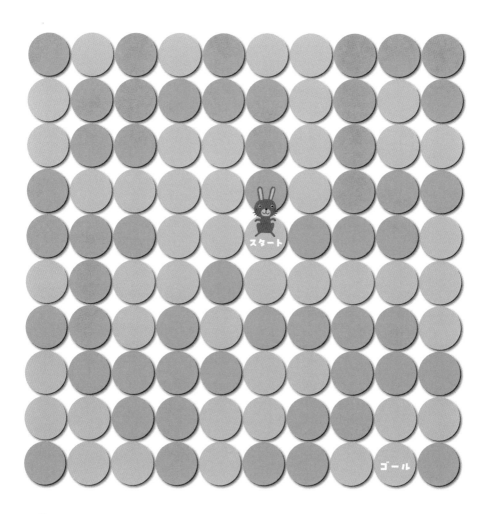

おまけもんだい！ つぎの中で、なかまはずれはどれ？
左右　上下　森林　男女　→こたえは70ページ

「このあとどうなる」を読む

このめいろにある「交互に進む」などのルールを意識しながら考えると、先を読む力がつきます。そして「たぶん、こっちだ」という直観力が養われるのです。すると、ゴールまでの道を俯瞰しようとし始めます。こうした思考は、じつは多くの伝統的なボードゲームでも重要と言われるもの。めいろを含めた「遊び」から身につく力は侮れません。

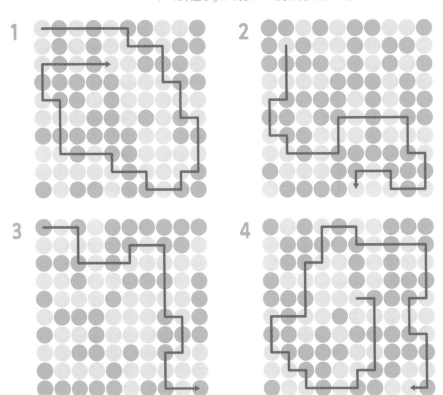

①百（これだけいろじゃないよ）　②田（これだけからだのことばじゃないよ）

③円（これだけかずじゃないよ）

④森林（これだけ、はんたいのいみがならんだことばじゃないよ）

にっぽん たんけん

日本には、
都道府県が47あるよ

ほっかいどう	ちば	みえ	とくしま
	とうきょう	しが	かがわ
あおもり	かながわ	きょうと	えひめ
いわて		おおさか	こうち
みやぎ	にいがた	ひょうご	
あきた	とやま	なら	ふくおか
やまがた	いしかわ	わかやま	さが
ふくしま	ふくい		ながさき
	やまなし	とっとり	くまもと
いばらき	ながの	しまね	おおいた
とちぎ	ぎふ	おかやま	みやざき
ぐんま	しずおか	ひろしま	かごしま
さいたま	あいち	やまぐち	おきなわ

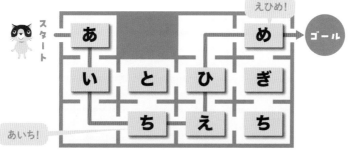

えひめ！

スタート

あ

い　と　ひ　ぎ

ち　え　ち

め

ゴール

あいち！

都道府県の名まえになるようにカードをひろって、
ゴールしよう。ひろえないカードもあるよ。

ひろわなかったカードをつなげてみると…県の名まえ（とちぎ）ができた！

1

都道府県の名まえになるようにカードをひろって、ゴールしよう。ひろえないカードもあるよ。

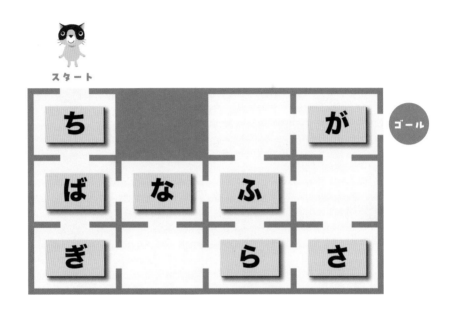

スタート

ゴール

ち　が

ば　な　ふ

ぎ　ら　さ

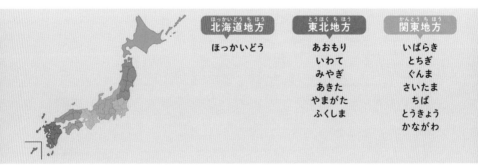

北海道地方	東北地方	関東地方
ほっかいどう	あおもり	いばらき
	いわて	とちぎ
	みやぎ	ぐんま
	あきた	さいたま
	やまがた	ちば
	ふくしま	とうきょう
		かながわ

おまけもんだい　ひろわなかったカードをつなげると、都道府県の名まえになるよ。どこかな？
→こたえは76ページ

2 都道府県の名まえになるようにカードをひろって、ゴールしよう。ひろえないカードもあるよ。

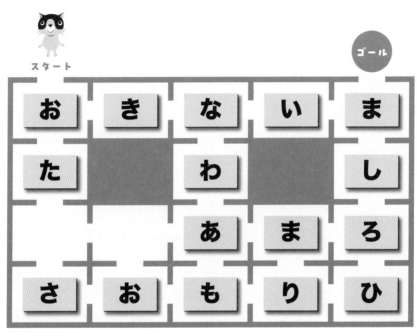

中部地方	近畿地方	中国地方	四国地方	九州地方
にいがた	みえ	とっとり	とくしま	ふくおか
とやま	しが	しまね	かがわ	さが
いしかわ	きょうと	おかやま	えひめ	ながさき
ふくい	おおさか	ひろしま	こうち	くまもと
やまなし	ひょうご	やまぐち		おおいた
ながの	なら			みやざき
ぎふ	わかやま			かごしま
しずおか				おきなわ
あいち				

おまけもんだい ひろわなかったカードをつなげると、都道府県の名まえになるよ。どこかな？
→こたえは76ページ

73

3

都道府県の名まえになるようにカードをひろって、ゴールしよう。ひろえないカードもあるよ。

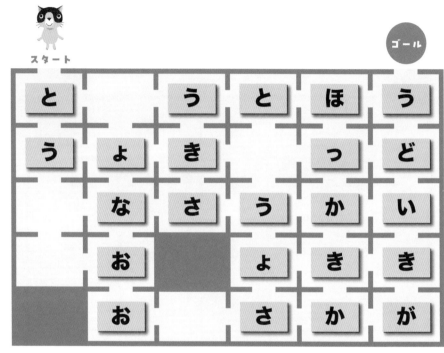

おまけもんだい ひろわなかったカードをつなげると、都道府県の名まえになるよ。どこかな？
→こたえは76ページ

4

都道府県の名まえになるようにカードをひろって、ゴールしよう。ひろえないカードもあるよ。

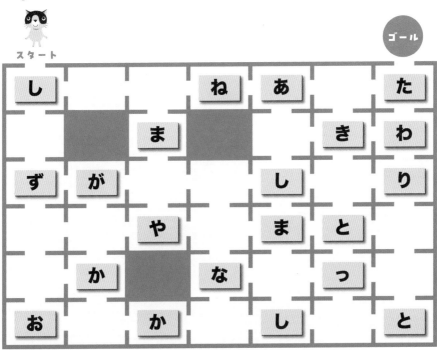

スタート

ゴール

中部地方	近畿地方	中国地方	四国地方	九州地方
にいがた	みえ	とっとり	とくしま	ふくおか
とやま	しが	しまね	かがわ	さが
いしかわ	きょうと	おかやま	えひめ	ながさき
ふくい	おおさか	ひろしま	こうち	くまもと
やまなし	ひょうご	やまぐち		おおいた
ながの	なら			みやざき
ぎふ	わかやま			かごしま
しずおか				おきなわ
あいち				

おまけ もんだい　ひろわなかったカードをつなげると、都道府県の名まえになるよ。どこかな？
→こたえは76ページ

楽しいから好きになる

好きなことをきっかけに、別の何かに興味をもったことがあるというかたは多いのではないでしょうか。「自分の住んでいるところは?」「おとなりは何という都道府県?」といった身近な話題や、「この前遊びに行ったのは○○県だね」といった何気ない会話などから、少しずつ地名にも興味を広げていけるといいですね。

1

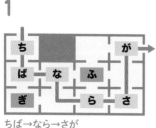

ちば→なら→さが

2

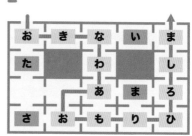

おきなわ→あおもり→ひろしま

3

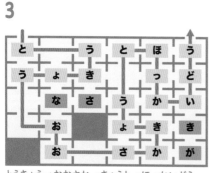

とうきょう→おおさか→きょうと→ほっかいどう

4

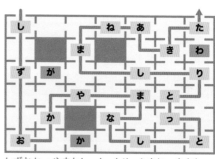

しずおか→やまなし→とっとり→しまね→あきた

おまけもんだい 上のずの、青のところだよ
①ぎふ ②さいたま ③ながさき ④かがわ

五十音をくらべて

知る

言葉の順序を把握する

ルール

いす　かき　からす

スタート

ゴール

りんご

かえる

わ	ら	や	ま	は	な	た	さ	か	あ
を	り		み	ひ	に	ち	し	き	い
ん	る	ゆ	む	ふ	ぬ	つ	す	く	う
	れ		め	へ	ね	て	せ	け	え
	ろ	よ	も	ほ	の	と	そ	こ	お

い す
か き
か ら す
か え る
り ん ご

こくごじてんは、
五十音じゅんに
ことばがならんでいるよ。
1文字目、2文字目、3文字目… と
五十音じゅんにさがしていこう。

まずは1文字目でかんがえ、1文字目が
おなじときは2文字目をくらべてみよう。

こくごじてんに出てくるじゅんに、えをとおって
ゴールしよう。とおれないえが1つあるよ。

とおれないえは、どれかな?…「かえる」だね!

1

こくごじてんに出てくるじゅんに、えをとおって
ゴールしよう。とおれないえが1つあるよ。

とおったえを、文字でかいてみよう。

おまけ
もんだい　とおれなかったえを文字でかいてみよう。
→こたえは82ページ

2 こくごじてんに出てくるじゅんに、えをとおって ゴールしよう。とおれないえが1つあるよ。

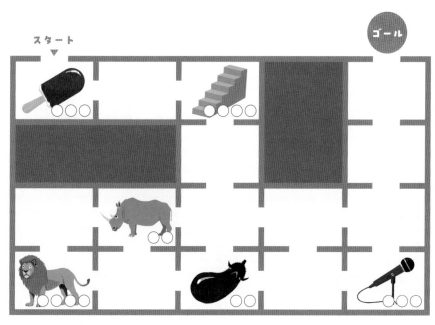

とおったえを、文字でかいてみよう。

3

こくごじてんに出てくるじゅんに、えをとおって
ゴールしよう。とおれないえが1つあるよ。

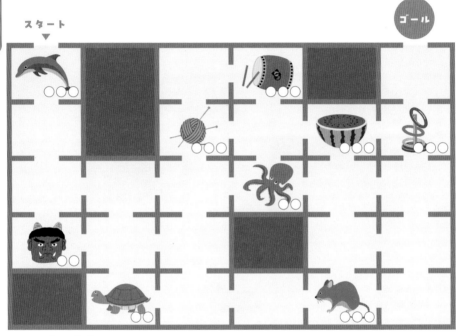

とおったえを、文字でかいてみよう。

おまけもんだい とおれなかったえを、文字でかいてみよう。
→こたえは82ページ

4

こくごじてんに出てくるじゅんに、えをとおって
ゴールしよう。とおれないえが1つあるよ。

とおったえを、文字でかいてみよう。

おまけもんだい　とおれなかったえを、文字でかいてみよう。
→こたえは82ページ

こたえ

おうちのかたへ

辞典を活用しよう

電子辞典やスマートフォンもあるなか、学校や学習塾が国語辞典にこだわるのには理由があります。それは、言葉を探すという行為が本来は楽しいことだと知ってほしいからでしょう。また、辞典には、目的の言葉以外の言葉に触れられるメリットも。知らない言葉があったら「すぐ検索」ではなく、ぜひ、辞典を引いて一緒に言葉探しを楽しんでみてください。

1

あひる→うさぎ→くわがた→でんしゃ

2

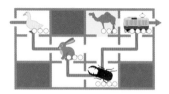

アイス→かいだん→さい→なす→マイク

3

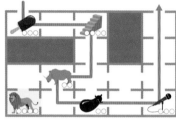

いるか→おに→かめ→けいと→たいこ→たこ→
ねずみ→わなげ

4

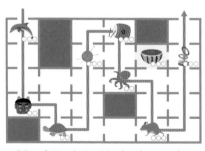

うし→えんとつ→えんぴつ→クッキー→くつした→
コアラ→ながれぼし→なべ→ひまわり→ひよこ→ふうせん

おまけもんだい 上のずの、きいろのところだよ
①らくだ　②ライオン　③すいか　④わに

こうもりの
まほう

ルール

はじめ

こうもりのところを
とおると、
ぎゃくのじゅんばんに
なるよ

このめいろは
一どとおったところも、
とおれるよ

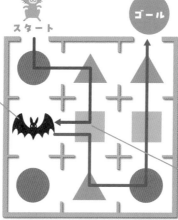

 のあと

スタートからゴールまでちかみちでいこう。
はじめは● →　 →■のじゅん、こうもりにあったら、
ぎゃくのじゅんばん（■ → 　 →●）ですすんでね。

1 はじめは●→▲→■のじゅん、こうもりにあったら、ぎゃくのじゅんばん（■→▲→●）ですすんでね。

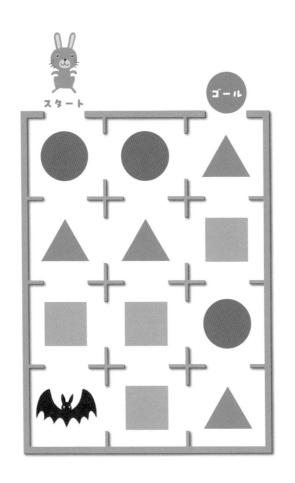

スタート

ゴール

おまけもんだい せいざは、いくつある？ →こたえは88ページ

2

はじめは ● → ▲ → ■ のじゅん、こうもりにあったら、
ぎゃくのじゅんばん（ ■ → ▲ → ● ）ですすんでね。

おまけもんだい シュークリームの「シュー」ってなに？ →こたえは88ページ

3

はじめは ●→▲→■ のじゅん、こうもりにあったら、
ぎゃくのじゅんばん（■→▲→●）ですすんでね。

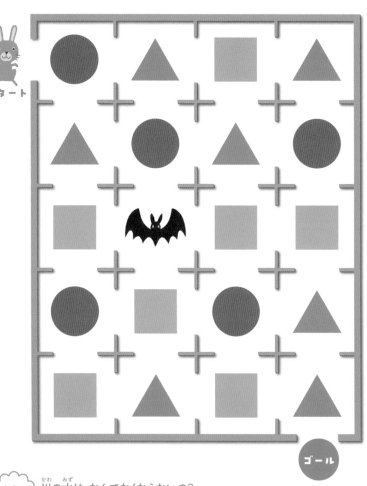

スタート

ゴール

おまけ
もんだい
川の水は、なんでなくならないの？
→こたえは88ページ

4 はじめは●→▲→■のじゅん、こうもりにあったら、
ぎゃくのじゅんばん（■→▲→●）ですすんでね。

おまけもんだい はんたいからよんでも、いみがわかることばをさがそう。
れい：にわ↔わに　→こたえは88ページ

考え抜いてやり抜く

途中でルールが変わり、進むべき図形の順番も変わるため、難易度の高いめいろです。あまりに難航しているようなら少しだけ手伝ってあげてもよいですが、大人目線の解き方を教えようとしたり説明したりするのはNGです。ポイントは同じ目線で「一緒に考え、遊ぶ」こと。くれぐれも「指導」はしないでください。

1

2

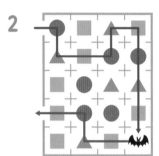

3

4

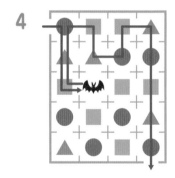

おまけもんだい

①88つ（1928年に、こくさい天もん学れんごうによって、きめられたよ。

せいざは、ほしのじゅうしょをしめすものだよ）

②フランスごで「キャベツ」といういみだよ。

ふっくらとしたやきあがりのかたちが、キャベツににているから

③うみの水がじょうはつして、くもになり、くもが、山の上で雨やゆきをふらせる。

それがしみこみ、わき出て川になる。このくりかえしで川の水はなくならないんだよ

④「かるい↔いるか」「くるみ↔ミルク」など

くいしんぼうの
へや

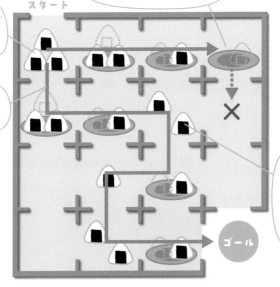

おにぎりをぜんぶたべてゴールしよう。ただし、
たべたおにぎりのかずまでしか、へやをすすめないよ。
じょうずにゴールできるかな?

1 おにぎりをぜんぶたべてゴールしよう。ただし、たべたおにぎりのかずまでしか、へやをすすめないよ。

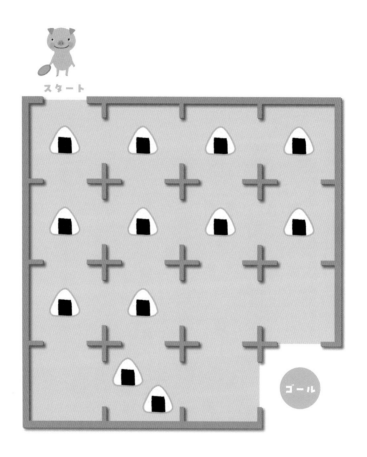

スタート

ゴール

おまけもんだい おにぎりを2つもらって、7つもらったよ。ぜんぶでいくつかな？
→こたえは94ページ

2

おにぎりをぜんぶたべてゴールしよう。ただし、
たべたおにぎりのかずまでしか、へやをすすめないよ。

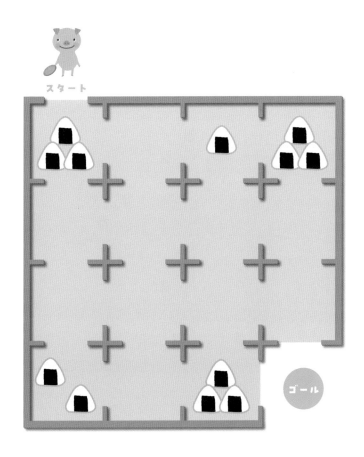

スタート

ゴール

**おまけ
もんだい** おにぎりを8つもらって5つたべたよ。のこりはいくつかな?
→こたえは94ページ

3 おにぎりをぜんぶたべてゴールしよう。ただし、たべたおにぎりのかずまでしか、へやをすすめないよ。

スタート

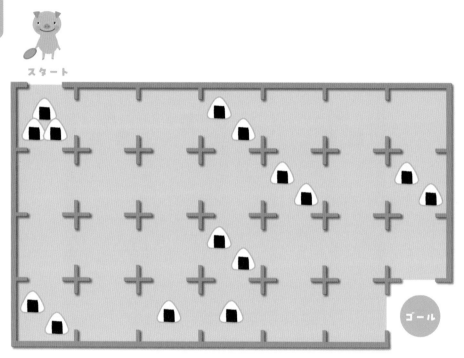

ゴール

おまけもんだい おにぎりを4つもらって2つあげて、3つもらって4つたべたよ。
のこりはいくつかな?　→こたえは94ページ

4 おにぎりをぜんぶたべてゴールしよう。ただし、
たべたおにぎりのかずまでしか、へやをすすめないよ。

スタート

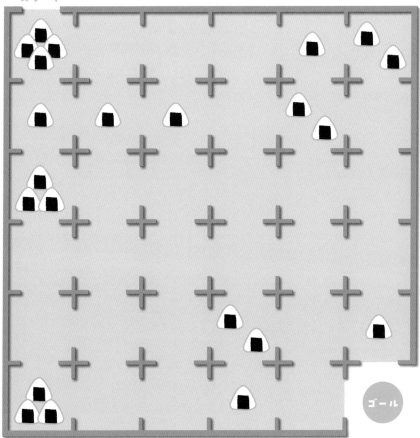

ゴール

→こたえは94ページ

おまけ
もんだい
おにぎりを8つもらって2つあげて、5つもらったよ。のこりはいくつかな?

学ぶ意欲とやる気

子どもが苦戦していると、大人はつい「こうすればいいんだよ」と教えがちで、算数が得意な人にほどその傾向があるかもしれません。でも、解法を教えたところで子どもは理解できないこともありますし、自分の力で解きたいという子どものやる気を削ぐことにもなりかねません。もちろん、「なんでこんなのがわからないの?」もNGワードです。

1

2

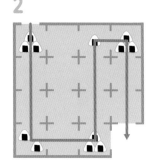

3

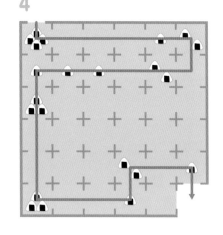

4

おまけ もんだい ①9つ ②3つ ③1つ ④11

94

なんへやで ゴール!?

6つのへやで、たまごをひろって
ゴールしてね。

スタート

6つひろえれば、
どんないきかたでもいいよ

ゴール

きめられたかずのへやで、たまごをひろってゴールしてね。
おおくても、すくなくてもだめだよ。

1 11のへやで、たまごをひろってゴールしてね。

スタート

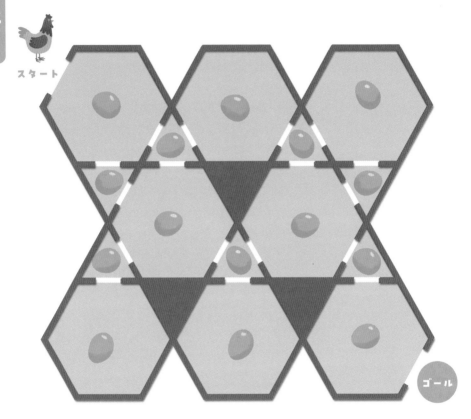

ゴール

おまけもんだい　7へやでゴールするにはどうする？　→こたえは100ページ

2 9つのへやで、たまごをひろってゴールしてね。

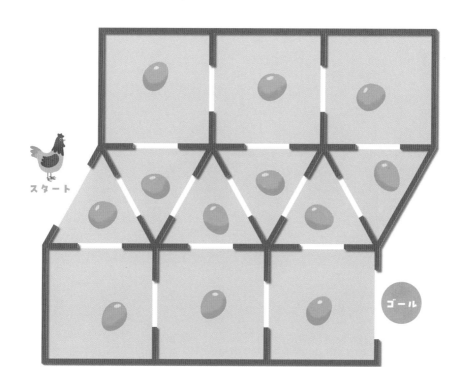

3 10のへやで、たまごをひろってゴールしてね。

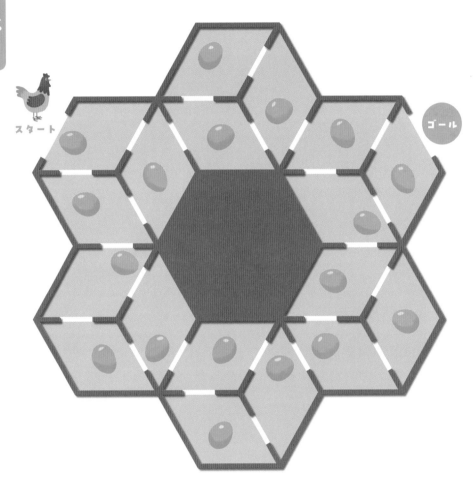

スタート

ゴール

おまけもんだい　いちばん「とおまわり」をすると、なんへや？　→こたえは100ページ

4

23のへやで、たまごをひろってゴールしてね。

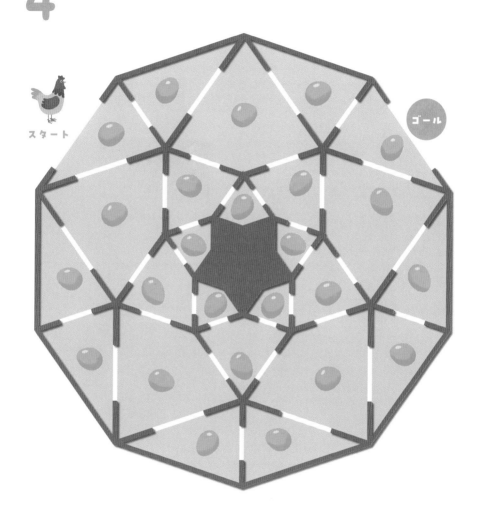

スタート

ゴール

こたえ

めいろのこたえはピンクのルート
おまけもんだい①②のこたえは水いろのルートでしめしているよ。

1

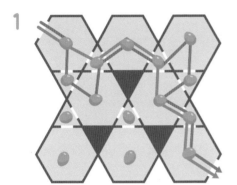

おまけもんだいのいきかたは、ほかにもあるよ。
7へやでいければ、せいかいだよ。

2

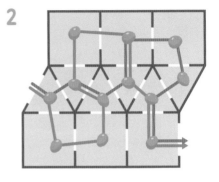

おまけもんだいのいきかたは、ほかにもあるよ。
10へやでいければ、せいかいだよ。

3

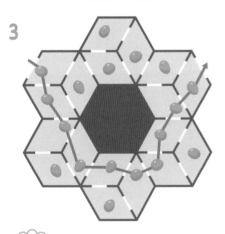

4

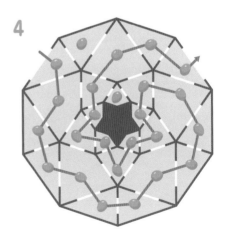

おまけ
もんだい ①②上のずの水いろのルートだよ
③15へや ④5へや

おとしあな
スイッチ

ルール

スイッチのちかくをとおると、まいかい
おとしあなのばしょがいれかわるよ

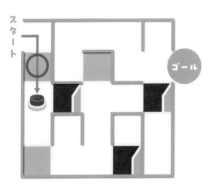

スイッチのちかくをとおるまえ

ピンクのところがとおれて、
みどりのところはとおれない

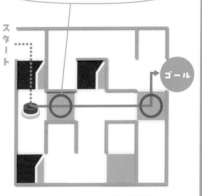

スイッチのちかくをとおったあと

みどりのところがとおれて、
ピンクのところはとおれない

スイッチのちかくをとおると、おとしあなのばしょが
かってにいれかわるよ。ゴールまでいけるかな？

1 スイッチのちかくをとおると、おとしあなのばしょが
かってにいれかわるよ。ゴールまでいけるかな?

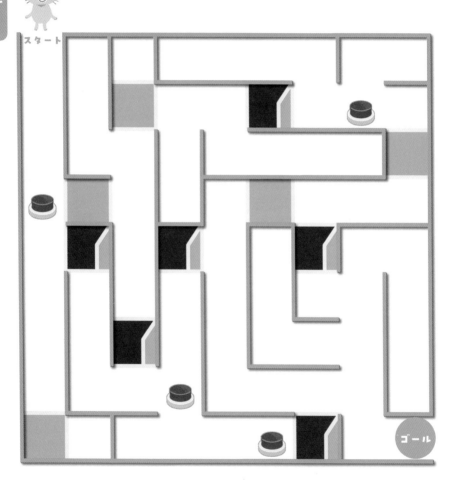

おまけ　「たのしい」のはんたいことばはどれ?
もんだい　おもしろい　くるしい　赤い　まるい　→こたえは106ページ

2

スイッチのちかくをとおると、おとしあなのばしょが
かってにいれかわるよ。ゴールまでいけるかな?

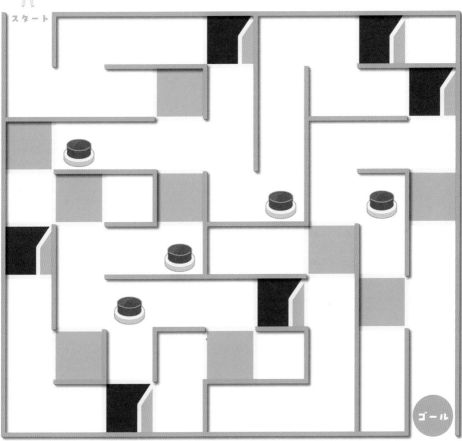

スタート

ゴール

「たかい」のはんたいことばはどれ?
あかるい　せまい　ひくい　小さい　→こたえは106ページ

3

スイッチのちかくをとおると、おとしあなのばしょが
かってにいれかわるよ。ゴールまでいけるかな?

スタート

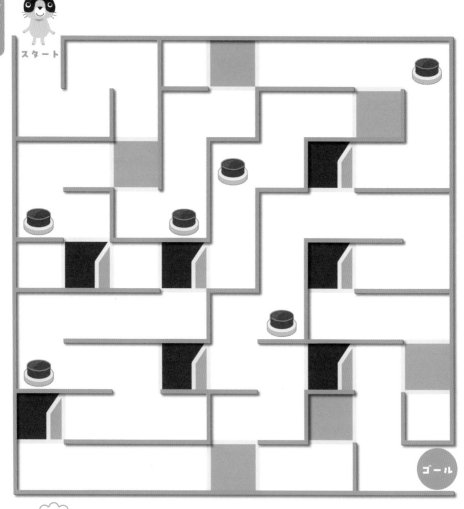

おまけもんだい 「たす」のはんたいことばはどれ?
よむ　はしる　ひく　かける　→こたえは106ページ

4

スイッチのちかくをとおると、おとしあなのばしょが
かってにいれかわるよ。ゴールまでいけるかな?

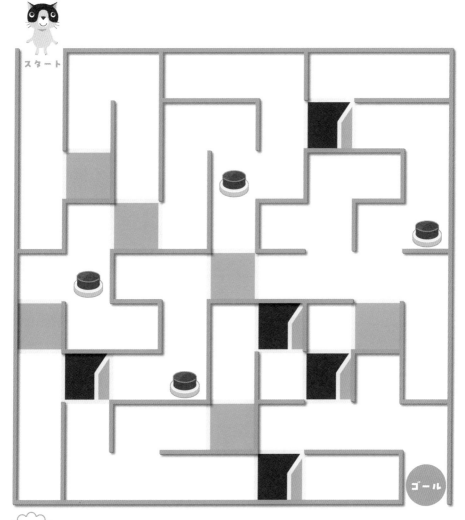

おまけ
もんだい
「すくない」のはんたいことばはどれ?
いたい　大きい　おおい　つめたい　→こたえは106ページ

算数好きに共通の数理センス

スイッチの近くを通るたびに通れる場所が変わる難しいめいろですが、考え方を簡単にすると、「ピンク→スイッチ→緑→スイッチ→ピンク→スイッチ→緑……」の法則で進めばいいということです。「このめいろって、つまりこういうことだよね」と要約できるようになれば、かなり論理的思考力（数理センス）がついてきている証拠です。

1
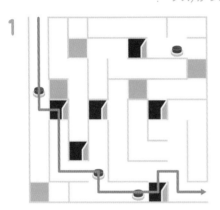

2
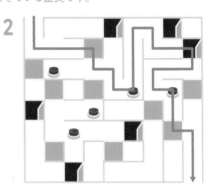

3
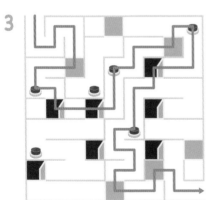

4
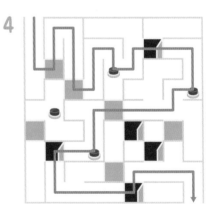

 ①くるしい　②ひくい　③ひく　④おおい

どくぬま
だっしゅつ

いたブロック

ブロックを
うらがえすことは、
できないよ

ブロックをかさねて
おくことはできないよ

ブロックを
おけるのは、むらさきの
どくぬまのところだけ

ゴールまでの
みちが できた!

スタート

ゴール

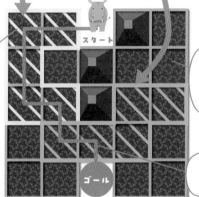

どくぬまにはまらないように、いたブロックをおいて、
ゴールまでのみちをつくろう。

1

どくぬまにはまらないように、いたブロックをおいて、
ゴールまでのみちをつくろう。

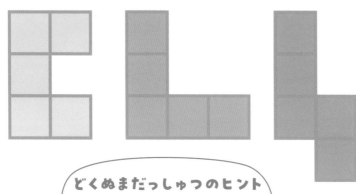

どくぬまだっしゅつのヒント
本のさいごにあるパズルピースを
つかうと、やりやすいよ!

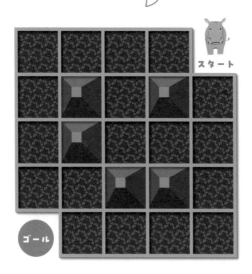

スタート

ゴール

2

どくぬまにはまらないように、いたブロックをおいて、
ゴールまでのみちをつくろう。

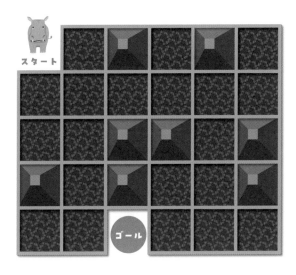

3 どくぬまにはまらないように、いたブロックをおいて、ゴールまでのみちをつくろう。

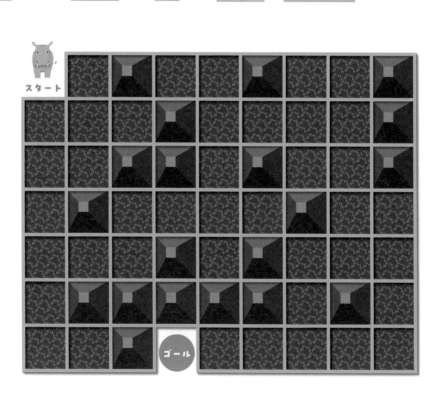

4

どくぬまにはまらないように、いたブロックをおいて、
ゴールまでのみちをつくろう。

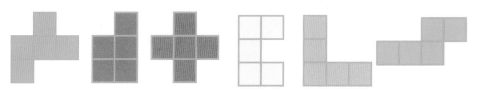

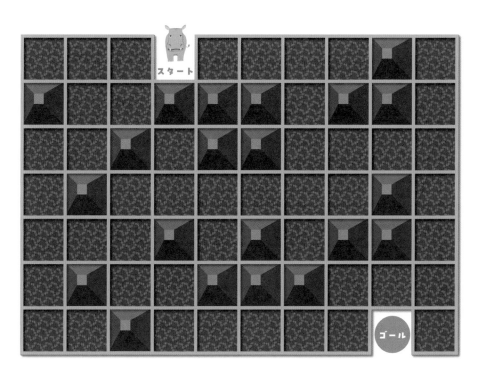

こたえ

うまくできたかな?

1
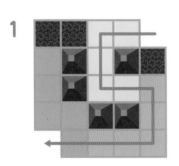

2
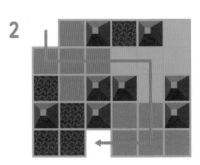

3
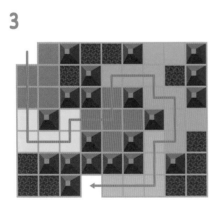

4
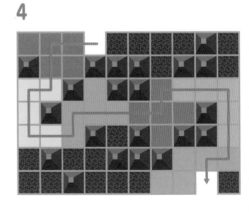

ゲキむず めいろ

さあ、さいごのもんだいだ！
これまでといためいろを、ゲキむずにしたよ。
ぜんぶできるかな？

1 はしごをのぼったりおりたりして、 おたからをゲットしよう!

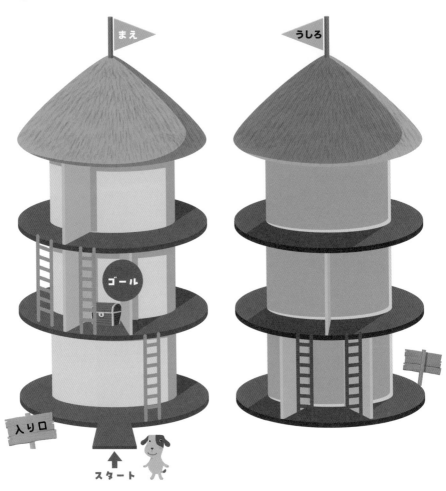

おまけもんだい かがみに、こんな文字がうつっていたよ。 なんてかいてあるのかな? →こたえは118ページ

車式人

2 さいしょは ●→▲→■→♥ のじゅん、
こうもりにあうごとに、それまでと
ぎゃくのじゅんばんですすんでね。

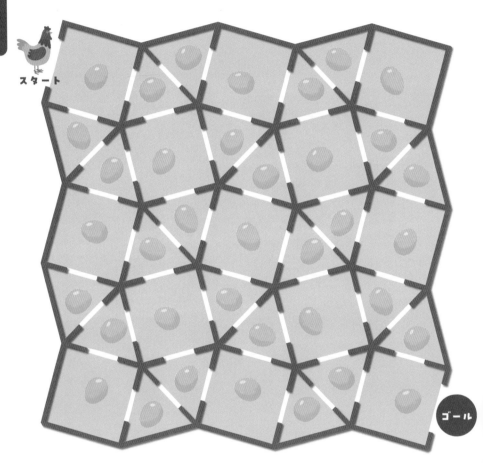

3

11のへやで、たまごをひろってゴールしてね。

スタート

ゴール

 おまけもんだい 9へやでゴールするにはどうする？　→こたえは118ページ

4

どくぬまにはまらないように、いたブロックをおいて、
ゴールまでのみちをつくろう。

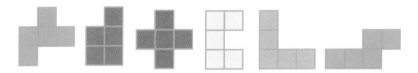

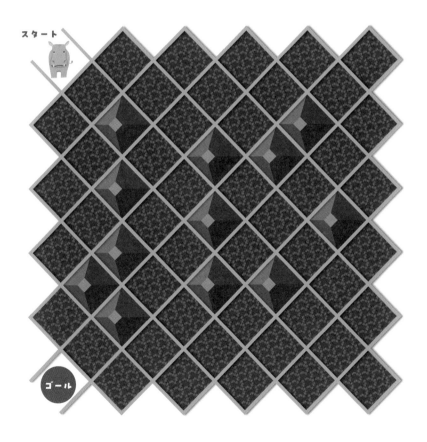

こたえ

うまくできたかな？ ☺

1

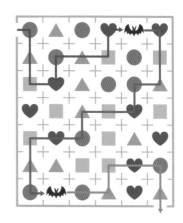

まえ　うしろ

入り口

このいろのじゅんですすんでね

2

3

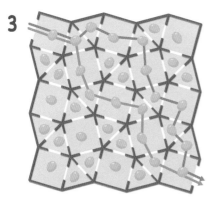

ピンクのルートはめいろのこたえ、
水いろのルートは おまけもんだいのこたえだよ。
めいろのこたえはほかにもあり、
きめられたかずのへやでいけていれば、せいかいだよ

4

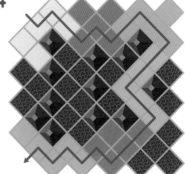

おまけ
もんだい

①人力車　②もも　きつつき　しんぶんし　など
③上のずの水いろのルートだよ

118

あたまやわらか パズル

つくってみよう!

本のさいごにある、パズルピースで
かたちをつくってみてね。

まずは、小さいあなをつくってみよう。

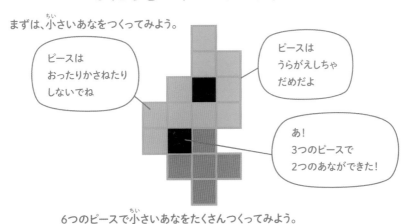

ピースは
おったりかさねたり
しないでね

ピースは
うらがえしちゃ
だめだよ

あ!
3つのピースで
2つのあなができた!

6つのピースで小さいあなをたくさんつくってみよう。
→こたえのれいは126ページ

パズルピースをつかったあそびをしょうかいするよ。
いろいろなかたちをつくろう。

1 ふたご（2ピースずつ）

2つずつ（ぜんぶで4つ）のピースをつかって、
おなじかたちを2つつくろう。

あそんで
みよう 3つのすきなピースで、すきなかたちを、たくさんつくってみよう。

2 ゴリラ（4ピース）

4つのピースをつかって、下のかたちをつくろう。

1つだけ、つかうピースのばしょをおしえるよ。

あそんでみよう　4つのすきなピースで、あなのあるかたちを、たくさんつくってみよう。

121

3 あひる（5ピース）

5つのピースをつかって、下のかたちをつくろう。

1つだけ、つかうピースのばしょをおしえるよ。

あそんでみよう　4つのすきなピースで、すきなかたちを、たくさんつくってみよう。

4 うさぎ（6ピース）

6つのピースをつかって、下のかたちをつくろう。

1つだけ、つかうピースのばしょをおしえるよ。

5 だちょう（6ピース）

6つのピースを
つかって、
下（した）のかたちをつくろう。
1つだけ、
つかうピースの
ばしょをおしえるよ。

あそんで みよう 5つのすきなピースで、すきなかたちを、たくさんつくってみよう。

6 四かく（3ピース）

四 <ruby>し<rt></rt></ruby>

3つのピースをつかって、下のかたちをつくろう。

した

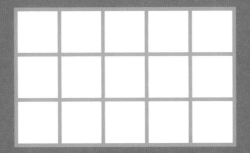

うまくできたかな?

おうちのかたへ

図や図形に親しめる

めいろ同様「遊びを学びに」自然に変えられるのが、ここで
ご紹介したようなパズルやブロックです。直観的に数や形を
とらえられるようになるので、花まる学習会では幼児期から
平面や立体の教具でさまざまな形に親しみます。ただし「学
ばせよう」と力まないようご注意を。大人の考える「学び」を
押しつけず、子どもの好きにさせるほうが効果的です。

つくってみよう!

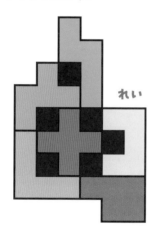

れい

6つのピースをつかって小さいあながつくれていれば、
どんなかたちでもせいかいだよ

1　　　　　　　　　　**2**

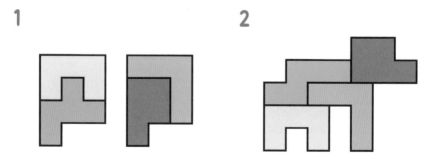

126

3

4

5

6

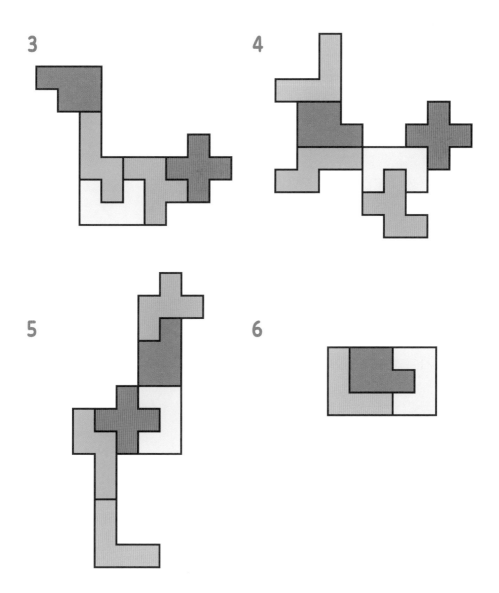

高濱正伸 (たかはま・まさのぶ)

1959年熊本県人吉市生まれ。東京大学農学部卒、同大学院農学系研究科修士課程修了。花まる学習会代表、NPO法人 子育て応援隊むぎぐみ理事長。算数オリンピック作問委員。日本棋院理事。

1993年、「この国は自立できない大人を量産している」という問題意識から「メシが食える大人に育てる」という理念のもと、「作文」「読書」「思考力」「野外体験」を主軸にすえた学習塾「花まる学習会」を設立。会員数は2万人を超え、野外体験企画では年間約1万人を引率。2015年より佐賀県武雄市で官民一体型学校の運営に関わる。

講演会も各地で行い、2020年度からはオンラインでも開催。

TBS系『情熱大陸』やテレビ東京系『カンブリア宮殿』などのテレビ出演、また新聞、雑誌などメディア露出多数。著書は『小3までに育てたい算数脳』（エッセンシャル出版社）、『算数脳パズルなぞペ〜』シリーズ（草思社）、『メシが食える大人になる! よのなかルールブック』（日本図書センター）など。

あたまがよくなるめいろ まなび編

2024年 1 月15日　初版印刷
2024年 1 月25日　初版発行

監　　修　高濱正伸
発 行 人　黒川精一
発 行 所　株式会社サンマーク出版
　　　　　〒169-0074東京都新宿区北新宿2-21-1
　　　　　電話　03-5348-7800
印刷・製本　共同印刷株式会社

ホームページ　　　https://www.sunmark.co.jp

ALGO CLUB
数理教室　花まる学習会

花まる学習会 アルゴクラブ

「本当に頭がいい人は考えることが大好きだから徹底して考え抜く」という思いから楽しく没頭できる数理教室として2003年に開校。子どもたちがゲームやパズルを楽しむうちに、夢中になって考え続けられるよう指導する。

遊ぶように考える経験を通して試行錯誤する力や論理的思考力を伸ばし、難関校へ進学した生徒を多く輩出している。

本書のめいろ制作を担当した中山翔太、小島健、岡本祐樹は優れた指導力と卓越した問題作成能力に定評がある。